ALPHABET BIEN COMPLET.

LES
JOURS DE CONGÉ

ALPHABET

AVEC EXERCICES MÉTHODIQUES

SUR LES

PRINCIPALES DIFFICULTÉS DE LA LECTURE

PARIS
AMÉDÉE BÉDELET, LIBRAIRE
RUE PAVÉE-SAINT-ANDRÉ-DES-ARTS, 11
1862

MAJUSCULES

A B C

D E F

G H I

J K L

M N O

P Q R

S T U

V X Y Z

MINUSCULES

a b c d e f
g h i j k l
m n o p q r
s t u v x y
z æ œ w

CARACTÈRES D'ÉCRITURE

MAJUSCULES

MINUSCULES

VOYELLES

a e i o u y

CONSONNES

b c d f g h j k l m

n p q r s t v x z

Trois manières de prononcer E.

e muet.   é fermé.   è ouvert.
Leçon, parole. Bonté, Café. Père, mère.

Accent.

Aigu.   Grave.   Circonflexe sur a e i o u
Été.   Prière.   Ane, fête, gîte, trône, flûte.

PREMIER EXERCICE.

ba	be	bi	bo	bu
ca	ce	ci	ço	cu
da	de	di	do	du
fa	fe	fi	fo	fu
ga	ge	gi	go	gu
ha	he	hi	ho	hu
ja	je	ji	jo	ju
la	le	li	lo	lu
ma	me	mi	mo	mu
na	ne	ni	no	nu
pa	pe	pi	po	pu
ra	re	ri	ro	ru
sa	se	si	so	su
ta	te	ti	to	tu
va	ve	vi	vo	vu
xa	xe	xi	xo	xu

D E F

Dormez, Et vous, Faites votre prière.

ANE

Animal domestique, quadrupède d'un naturel doux, infatigable, mais entêté; il supporte avec patience les mauvais traitements et les fardeaux trop lourds. Il se contente, pour sa nourriture, de quelques chardons ou d'autres aliments grossiers.

BOEUF

Cet animal est doué de beaucoup de force et nous rend de grands services. On l'emploie à labourer la terre. Il est obéissant, sobre, nullement capricieux, il ne se rebute jamais, mais il est dénué d'intelligence.

DEUXIÈME EXERCICE.

SYLLABES

A

Ab-ba, ac-ca, ad-da, af-fa, ag-ga, ah-ha, aj-ja, ak-ka, al-la, am-ma, an-na, ap-pa, aq, ar-ra, as-sa, at-ta, av-va, ax-xa, az-za.

Plusieurs syllabes forment un MOT.

Pa-pa. A-na-nas.

Plusieurs mots forment une PHRASE.

Pa-pa a-va-la l'a-na-nas d'A-nas-ta-se.

G H I

Gardez vous Hélas! d'approcher des Illuminations

CHIEN

Il est de tous les animaux le plus susceptible d'attachement pour son maître : fidèle et courageux, il se fait tuer pour le défendre. Il garde les troupeaux et la maison; il semble fier de la confiance qu'on lui témoigne.

DAIM

Animal du même genre que le cerf. La chasse de ces animaux se faisait autrefois avec un grand appareil, au son éclatant du cor : les princes et les riches pouvaient seuls suffire à la dépense qu'occasionne ce plaisir.

TROISIEME EXERCICE.

E

Eb-be, ec-ce, ed-dè, ef-fê, eg-ge, eh-hé, ej-jëe, ek-kê, el-le, em-mé, en-nè, ep-pê, eq, er-re, es-sé, et-tè, ev-vê, ex-xe, ez-ze.

Hé-lè-ne a é-té à la pê-che, el-le a bar-bo-té; sa mè-re en a é-té ex-cé-dée.

Sons identiques de E.

Eu, œu, ent, ai, ei, et, est, er, ez.

Al-bert, al-lez a-vec ma mè-re et ma sœur : el-les ai-dent à pe-ser sei-ze bal-les de lai-ne.

ÉLÉPHANT

Il est d'un naturel très-doux, malgré sa force. L'Éléphant a beaucoup d'intelligence. Dans l'Inde, il vit dans une sorte de domesticité ; les souverains n'ont pas d'autres montures dans les jours de solennité ; il porte à la guerre des tours qui sont remplies de soldats.

FLAMANT

Oiseau ainsi nommé parce que ses plumes sont couleur de flamme. Il habite par troupes les rivages de la mer et se nourrit de coquillages et d'insectes aquatiques.

QUATRIÈME EXERCICE.

I

Ib-bi, ic-ci, id-di, if-fi, ig-gi, ih-hi, ij-ji, ik-ki, il-li, im-mi, in-ni, ip-pi, iq, ir-ri, is-si, it-ti, iv-vi, ix-xi, iz-zi.

Y a le son de I

Y a-t-il i-ci la y-o-le d'Hen-ri?

Y a le son de deux I.

Le vo-y-a-geur a é-té ef-fra-y-é.

Sons identiques du son IN.

Im, ein, eim, ain, aim.

J'ai bien faim et je n'ai pas de pain! — Viens, pe-tit : ce pa-nier est plein de mas-se-pains de Reims; tu les ai-mes bien, hein?

J K L

J'étais a dunKerque pour voir La mer.

GRUE

Gauche, disgracieuse, chauve, pourvue d'une voix aigre, la grue est célèbre par ses habitudes voyageuses. Elles se réunissent par troupes pour entreprendre les courses lointaines, elles choisissent parmi elles un chef qui les conduit, et des sentinelles qui les avertissent du danger.

HIBOU

Solitaires et tristes, les rapaces nocturnes, chouettes, hiboux, effraies, etc., ont un cri lamentable. Ils ne peuvent souffrir la lumière du jour à cause de la construction de leurs yeux, et ne sortent que la nuit. Ils mangent des souris, des grenouilles et des petits oiseaux.

CINQUIÈME EXERCICE.

O

Ob-bo, oc-co, od-do, of-fo, og-go, oh-ho, oj-jo, ok-ko, ol-lo, om-mo, on-no, op-po, oq, or-ro, os-so, ot-to, ov-vo, ox-xo, oz-zo.

Le jo-li jo-ko d'Oc-ta-ve est mort à No-vo-go-rod.

Sons identiques de O

Au, eau, caux, os.

Paul, res-tez en re-pos; ne sau-tez pas; n'al-lez pas au bord de l'eau. Je vais là-haut fer-mer les ri-deaux du ber-ceau de vo-tre sœur Lau-re, elle dort.

M N O

Maman fait Notre Ouvrage.

IBIS

Il y a des Ibis de différentes couleurs. Le blanc, ou Ibis sacré, était révéré des anciens Égyptiens. Le meurtre même involontaire d'un Ibis y était puni de mort. L'histoire de ces peuples est remplie de contes plus ou moins absurdes sur ces oiseaux.

JACANA

Oiseau du genre échassier, c'est-à-dire à pattes élevées et dégarnies de plumes. Sa forme est gracieuse : il a quelque ressemblance avec notre beau faisan ; il est peu connu.

SIXIÈME EXERCICE.

U

Ub-bu, uc-cu, ud-du, uf-fu, ug-gu, uh-hu, uj-ju, uk-ku, ul-lu, um-mu, un-nu, up-pu, uq, ur-ru, us-su, ut-tu, uv-vu, ux-xu, uz-zu.

Ur-su-le est u-ne pe-ti-te hur-lu-ber-lu.

SEPTIÈME EXERCICE.

VOYELLES DOUBLES OU DIPHTHONGUES

Ai, ia, au, an, ei, ie, eu, ieu, en, ien, ian, io, oi, ion, oin, ou, oui, ui, ium, un, uin.

Di-eu est bon : il a soin de pour-voir à tous nos be-soins; viens, re-mer-ci-ons-le. — Oui et so-yons tou-jours ex-acts à le lou-er aux jours où il l'a lui-mê-me com-man-dé.

KANGUROO

On l'appelle aussi lièvre sauteur, parce qu'il ne marche qu'en sautant. Ce singulier animal de la Nouvelle-Hollande a sous le ventre une poche où ses petits courent d'eux-mêmes se réfugier lorsque quelque danger les menace.

LOUP

Cet animal a la mine basse, l'aspect sauvage, la voix effrayante, l'odeur insupportable. Grossier et poltron, il n'attaque que les êtres sans défense ou plus faibles que lui.

HUITIÈME EXERCICE.

CONSONNES DOUBLES

BL. BR. CL. CR. FR. GR. GL.
Blé, bras, clou, crin, frac, grain, gland,

PL. PR. ST. TR. VR.
Plat, prix, stuc, trou, vrai.

Le pau-vre Fran-cis a pleu-ré et cri-é en vo-yant ses fleurs flé-tries par la gros-se pluie; il en a plan-té d'au-tres à l'a-bri du grand pru-nier.

CH. GR. LL.
Chou, grognon, fille.

Le chat cher-che u-ne sou-ris, mais la gen-ti-ll-e bê-te a ga-gné son trou : el-le y est bien ca-chée. Mi-non foui-ll-e du bout de sa pat-te; ses yeux bri-ll-ent de fu-reur. N'ap-pro-che pas, Ca-mi-ll-e, il t'é-gra-ti-gne-rait.

MOUTON

Voici le plus paisible et le plus inoffensif des animaux domestiques. Son nom est l'emblème de la douceur, mais il est dénué d'intelligence : abandonné à lui-même, un troupeau mourrait de faim ou serait bientôt détruit par les bêtes carnassières.

NIGREPÈDE

Animal quadrupède, qui détruit les serpents. Un oiseau appelé le secrétaire fait aussi la guerre à ces reptiles dangereux : à coup d'aile il parvient à les tuer.

NEUVIÈME EXERCICE.

PH, son identique de **F**.

Phi-la-del-phe, em-mè-ne Fi-dè-le, et va au pha-re a-vec Eu-phé-mie. Vous y ver-rez un pho-que : c'est un a-ni-mal am-phi-bie.

TH, son identique de **T**.

Thé-o-phi-le, ter-mi-ne ton thè-me, en-sui-te nous pren-drons le thé.

DIXIÈME EXERCICE.

C prononcé comme **SS** avant **E, I**.

Cé-ci-le, fai-tes ce-ci ; c'est un e-xer-ci-ce u-ti-le et né-ces-sai-re. Et vous, Al-ci-de, ces-sez de vous ba-lan-cer et de fai-re des gri-ma-ces.

OURS

Malgré ses formes grossières, sa tournure pesante et ses gestes grotesques, l'ours n'est point un animal stupide; il est au contraire plein d'intelligence et de finesse. Tout objet nouveau éveille chez lui la défiance : il l'observe prudemment avant de s'en approcher.

PHOQUE

Animal amphibie dont les pieds sont si courts, qu'ils ne peuvent lui servir qu'à nager. On prétend qu'il a la faculté de parler et de pleurer.

ONZIÈME EXERCICE.

C prononcé SS avant A, O, U, par l'addition d'une cédille.

Ça, ço, çu, çai, çon.

Ce pe-tit gar-çon tou-chait sans ces-se mon poin-çon : je m'en a-per-çus et je le for-çai de le lais-ser ; mais il le re-prit et se per-ça la main.

C est dur devant A, O, U.

La cui-si-niè-re fe-ra cui-re du ca-ca-o pour Co-ra-lie, et du cho-co-lat pour Con-stan-ce.

Sons identiques de C dur.

Pé-ki di-sait qu'-un coq é-tait dans le kios-que ; j'ai cru en-ten-dre : u-ne co-quet-te est dans le kios-que ; ce-la a fait un qui-pro-quo.

P Q R

Papa dit Qu'il faut Ranger nos joujoux.

QUADRICORNE

Comme la gazelle, svelte et gracieuse, timide et douce, tout à fait inoffensive, ces antilopes n'ont pour se défendre de leurs nombreux ennemis que leur agilité à la course. Elles sont souvent la proie du lion et du tigre.

RAT

Animal de l'ordre des rongeurs auxquels on fait une guerre d'extermination : quelles sortes de piéges n'a-t-on pas inventés pour prendre les rats? combien il a d'ennemis, depuis le chat et le chien, jusqu'au milan, au hibou, etc.!

DOUZIÈME EXERCICE.

G est dur devant A, O, U.

J'ai ga-gné à la lo-te-rie u-ne gar-ni-tu-re de gui-pu-re, un go-be-let d'ar-gent guil-lo-ché et u-ne guir-lan-de de mu-guet.

G son identique de J par l'addition d'un E devant A, O, U.

Gea, geo, geu.

J'ai fait u-ne ga-geu-re : si Geof-froy perd, il me don-ne-ra ses jo-lis pi-geons rou-geâ-tres ; s'il ga-gne, il au-ra mon geai a-vec la ca-ge et la man-ge-oi-re de cris-tal.

T prononcé SS entre deux voyelles.

L'en-fant sa-ge, qui a a-va-lé sa po-t-ion, au-ra ré-cré-a-t-ion ; le pa-res-seux re-ce-vra u-ne pu-ni-t-ion et n'au-ra pas de prix à la dis-tri-bu-t-ion.

S T U

Sı nous Travaillons bien nous aurons Une récompense.

SINGE

Animal de l'ordre des quadrumanes, c'est-à-dire qui ont quatre mains. Leurs extrémités pourvues de longs doigts les rendent adroits; leur queue longue et flexible leur est un cinquième membre. Leur forme est celle qui se rapproche le plus de la forme humaine.

TAUREAU

Il est beau à voir au milieu des troupeaux. Il devient parfois furieux, il est alors plus redoutable qu'aucun autre animal; la couleur rouge excite particulièrement sa colère.

CHIFFRES

Arabes.		Romains.
1	Un	I
2	Deux	II
3	Trois	III
4	Quatre	IV
5	Cinq	V
6	Six	VI
7	Sept	VII
8	Huit	VIII
9	Neuf	IX
10	Dix	X
11	Onze	XI
12	Douze	XII
13	Treize	XIII
14	Quatorze	XIV
15	Quinze	XV
16	Seize	XVI
17	Dix-sept	XVII
18	Dix-huit	XVIII
19	Dix-neuf	XIX
20	Vingt	XX

URSON

Espèce de Porc-épic. Ce dernier, quand il est attaqué, redresse bruyamment ses pointes aiguës, ressemblant à des tuyaux de plumes, et blesse ceux qui l'approchent.

VAUTOUR

Cet oiseau caractérise la voracité dans ce qu'elle a de plus repoussant. Il n'attaque guère les êtres vivants que quand il n'a pu assouvir sa gloutonnerie sur les morts.

DIVISION DE L'ANNÉE

L'Année se divise en quatre Saisons :

LE PRINTEMPS. — L'ÉTÉ. — L'AUTOMNE. — L'HIVER.

Et en douze mois :

Janvier. — Février. — Mars. — Avril.
Mai. — Juin. — Juillet.
Août. — Septembre. — Octobre. — Novembre.
Décembre.

Un mois se divise en quatre semaines et quelques jours, et chaque semaine se compose de sept jours, savoir :

Lundi. — Mardi. — Mercredi. — Jeudi.
Vendredi. — Samedi. — Dimanche.

V X Y Z

VOLTE FACE ! AUX BASTIONS MONTEZ-Y MES ZOUAVES !

XOCHITOLT

Oiseau peu connu. Il paraît ressembler à beaucoup d'autres que nous connaissons : au Serin, au Chardonneret, au Linot, etc. ; mais il n'a sans doute pas un aussi joli chant que ces oiseaux et surtout que notre Rossignol.

Y

Il y a au Jardin des Plantes des Yacks, ou bœufs à queue de cheval, que les Parisiens appellent bœufs chinois. Ils ont en effet pour gardien un vrai Chinois de la Chine.

Cette jolie petite gazelle vous semblera sans doute plus jolie que les Yacks.

ZEBRE

Il est aussi turbulent, aussi prompt dans ses mouvements et dans sa course, aussi élégant dans sa forme et sa belle robe rayée que notre pauvre âne est humble, lent et patient. Mais le Zèbre est indocile et parfois dangereux : on n'est jamais parvenu à l'apprivoiser complétement.

FIN

www.ingramcontent.com/pod-product-compliance
Lightning Source LLC
LaVergne TN
LVHW021705080426
835510LV00011B/1607